24 MARS 1828

V

CATALOGUE

D'UNE COLLECTION

D'OBJETS PRÉCIEUX

EN MATIÈRES DIVERSES.

IMPRIMERIE D'HIPPOLYTE TILLIARD,
Rue de la Harpe, n° 78.

CATALOGUE

D'UNE COLLECTION

D'OBJETS PRÉCIEUX

EN MATIÈRES DIVERSES;

MODÈLES D'OBÉLISQUES, COLONNES, TRÉPIEDS, VASES, CASSOLETTES, COUPES, TABLES ET GUÉRIDONS, SCULPTURES, LAQUES, SUITE D'ÉCHANTILLONS, PIERRERIES MONTÉES ET NON MONTÉES, ETC., ETC.

La plupart ayant fait partie du Musée Minéralogique de M. le Marquis de Drée.

La Vente de cette Collection se fera le lundi 24 mars 1828, et jours suivants, rue de Cléry, nº 21, Salle Lebrun, de midi précis à quatre heures du soir.

L'EXPOSITION PUBLIQUE
AURA LIEU LES 21, 22 ET 23 DU MÊME MOIS.

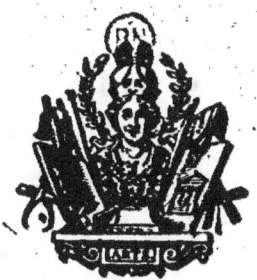

CE CATALOGUE SE DISTRIBUE:

Chez { Mᵉ Lacoste, Commissaire-Priseur, rue Thérèse, nº 2.
M. Dubois, rue de Savoie-St.-André-des-Arcs, nº 4.

Paris. —1828.

AVERTISSEMENT.

La première partie de cette collection ayant été composée avec la double intention d'unir les matières les plus rares à la pureté des formes et aux détails de luxe que peuvent comporter les objets de décoration intérieure, le public jugera si, par son ensemble et ses détails, ce plan très étendu et pour lequel on n'a épargné ni recherches continuelles, ni l'emploi de sommes considérables, a produit dans son exécution, le noble appareil de magnificence qui devait en être le résultat.

Cette question se trouvera sans doute parfaitement résolue par l'emploi sage et varié qui a été fait de substances précieuses, et toutes du plus bel échantillon; par cette suite de trépieds, de vases et de coupes, où l'excellence des formes le dispute souvent à la valeur des matières, et enfin par l'aspect de quelques tables dont la beauté ne souffre aucune espèce de concurrence, ni chez les plus riches particuliers, ni même dans les palais des souverains.

La collection d'échantillons offrira tout ce que ce genre d'ensemble peut présenter de curieux et d'attachant : ayant été l'objet de recherches suivies avec constance pendant un grand nombre d'années, elle contient tout ce que les plus belles substances peuvent fournir aux bijoux : beaucoup de plaques en paire, qui en font partie, peuvent devenir les boîtes les plus riches et les plus distinguées, et l'attrait que présente le charmant aspect des divers tableaux formés par ces matières, suffit pour donner le désir d'en faire une étude particulière.

Le complément de cette réunion, déjà si remarquable, se trouve dans une suite de pierres précieuses, montées en bague, et qui présentent les variétés les plus rares et les mieux choisies du saphir, du rubis, de l'émeraude, de la topaze, de l'opale, de la turquoise, du diamant, et enfin de toutes les substances qui appelleront toujours un très haut degré d'intérêt.

En annonçant que la partie principale des objets que nous allons décrire a fait autrefois partie du superbe Musée minéralogique de M. le marquis de Drée, nous offrons certainement aux amateurs la garantie la plus désirable sur la beauté du choix et l'importance réelle des articles qui seront présentés à leur examen.

CATALOGUE

D'UNE

COLLECTION D'OBJETS PRÉCIEUX

EN MATIÈRES DIVERSES.

MODÈLES D'OBÉLISQUES, COLONNES, AUTELS; CUVES, TRÉPIEDS, VASES, CASSOLETTES, COUPES, TABLES ET GUÉRIDONS, SOCLES, BLOCS ET DÉBRIS.

1. Brèche universelle de Qosseïr. —Deux obélisques de très belle proportion, et faisant pendant l'un à l'autre : ces deux monolithes reposent sur de doubles socles en même matière. — H. 32 pouces et demi.

2. Marbre vert d'Égypte. — Deux colonnes d'ordre ionique, avec chapiteaux et bases en bronze doré : ces colonnes sont élevées sur des socles en griotte. — H. 76 pouces.

3. Rouge antique. — Quatre petites colonnes à fûts lisses, et d'égale proportions entre elles.
4. Rouge antique. — Deux petites colonnes cannelées.
5. Porphyre oriental, vert foncé. — Un fût de colonne. — H. 14 pouces.
6. Marbre bleu antique. — Deux colonnes, avec bases et chapiteaux en jaune antique : ces colonnes reposent sur des socles en petit antique. — H. 41 pouces.
7. Marbre bleu veiné. — Un gros fût de colonne, sur base en même matière.
8. Pétro-silex rose. — Un petit autel monté en bronze doré : cet objet est surmonté d'un joli vase en porphyre noir et blanc, d'une espèce très rare. — H. 6 p. 9 lig.
9. Matière violâtre et semi-dure. — Un petit autel supportant un vase en rouge antique. — H. 7 pouces 2 lig.
10. Granit orbiculaire de Corse. — Une cuve de forme rectangulaire, avec monture en bronze doré. — Long. 11 pouces.
11. Rouge antique. — Une petite cuve, forme de tombeau. — Long. 8 pouces 2 lig.
12. Rouge antique. — Un superbe trépied, de très belle forme. — H. 21 pouces 3 lig.
13. Porphyre rose brécheté. — Un beau trépied,

monté nouvellement, et sur des modèles faits exprès, par M. Thomire.

14. Jaspe fleuri jaune de Sicile. — Une cassolette richement montée en bronze doré, et élevée sur un socle en serpentin vert oriental, également enrichi de bronzes ciselés et dorés. — H. 16 pouces.

15. Jaspe fleuri rouge de Sicile. — Autre cassolette, de même forme et de proportion semblable à la précédente ; cet objet, qui peut faire pendant à celui qui vient d'être décrit, offre les mêmes détails de monture.

16. Brèche antique. — Un vase à deux anses détachées et prises dans la masse. — H. 10 pouces.

17. Albâtre oriental, dit *cotonico*. — Un vase de forme élevée, et portant un couvercle fracturé ; les anses détachées et prises dans la masse. — H. 22 pouces 10 lig.

18. Basalte vert d'Égypte, de la plus grande beauté. — Un vase de forme élancée ; les anses détachées et prises dans la masse. — H. 19 pouces 2 lig.

19. Serpentine foncée et semi-dure. — Un vase de belle forme, avec anses détachées et prises dans la masse. — H. 9 p. et dem.

20. Porphyre vert fleuri. — Deux vases montés en bronze doré. — H. 10 pouces.

21. Basalte vert antique, bréché. — Un vase de forme *campane*. — H. 11 pouces et demi.
22. Marbre bleu antique, verdâtre. — Un vase à couvercle, avec anses détachées et prises dans la masse. — H. 12 pouces.
23. Granit noir et blanc d'Égypte. — Deux grands et magnifiques vases, avec anses détachées et prises dans la masse : ces vases reposent sur des socles ronds, en même matière. — H. 3 pieds.
24. Rouge antique. — Un vase à couvercle, forme de *diota*, avec anses détachées et prises dans la masse. — H. 8 pouces 3 lignes.
25. Marbre vert-poireau. — Deux vases forme d'urnes cinéraires. — H. 9 pouces et demi.
26. Laves du Vésuve et de l'Etna. — Deux vases, belle forme de *lancelles*, avec les anses détachées et prises dans la masse. H. 9 pouces et demi.
27. Pierre de lard. — Un vase sculpté et de travail chinois. — H. 13 pouces.
28. Lapis-lazuli, oriental. — Deux superbes coupes, faisant pendant l'une à l'autre. — Diamètre, 7 pouces 3 lig.
29. Aventurine. — Une coupe de belle forme, et dont les proportions sont extraordi-

naires pour le genre de matière. — Diamètre, 6 pouces 3 lig.

30. Jade neigeux, transparent. — Deux jattes semblables l'une à l'autre, et de la plus belle forme : ces jattes sont garnies de couvercles en même matière, et reposent en outre sur des pieds en jade blanc, gravés à jour.—Diamètre, 4 pouces 9 lig.

31. Agate orientale et agate d'Allemagne. — Deux petites coupes de forme ovale : l'une d'elles est ornée d'une monture.— Diamètre moyen, 3 pouces.

32. Porphyre vert oriental. — Une grande et magnifique coupe, avec anses détachées et prises dans la masse : cet objet est aussi remarquable par la beauté de sa matière que par la pureté de sa forme et la grandeur de ses dimensions. — H. 10 pouces, diamètre, 18 pouces 9 lig.

33. Marbre rouge antique. — Une très belle coupe dont les anses sont détachées et prises dans la matière : cette coupe est élevée sur un socle en jaspe rubanné de Sibérie, orné de bronzes dorés. — Diamètre, 11 pouces et demi.

34. Marbre jaune antique. — Une coupe de forme carrée, copie réduite de celle du Vatican : ses angles sont ornés de cygnes,

d'oves, et d'autres beaux détails de sculpture : socle en serpentine verte et dure. — Diamètre 17 pouces 9 lig. — Diam. 16 pouc. 5 lig.

35. Marbre vert antique. — Une grande coupe, dont les deux anses sont détachées et prises dans la masse, et le dessous sculpté à *goudrons*. — Diam. 20 pouces et demi.

36. Malachite. — Une très jolie coupe massive, et du plus bel échantillon : elle est élevée sur un beau cippe cannelé, en rouge antique, reposant sur un socle de brèche universelle. — Diamètre de la coupe, 3 pouces, 10 lig.

37. Brèche universelle rougeâtre. — Deux coupes. — Diam. 10 pouces.

38. Albâtre dit *Paysage* — Une coupe dont les anses sont détachées et prises dans la masse. — Diam. 9 pouces 10 lig.

39. Rouge antique. — Une coupe élevée sur socles, en jaune antique et serpentin (1). — Diam. 6 pouces 6 lig.

40. Serpentin *ophite*. — Une coupe. — Diam. 4 pouces 5 lig.

41. Granit de Suède. — Un cratère de belle forme. — Diam. 13 pouces et demi.

---

(1) Cette coupe a été fendue et recollée.

42. Serpentin agatisé, vert, oriental. — Une jatte de belle forme. — Diam. 11 pouces 9 lig.
43. Rouge antique. — Une coupe ornée de *goudrons*, et dont les anses détachées sont prises dans la masse. — Diam. 11 pouces 4 lig.
44. Labrador de Norwège, opalisant, blanc nacré et argentin. — Une table rectangulaire, composée de deux morceaux de même grandeur et de qualité semblable : cette table, qui est unique, est montée sur des pieds en ébène, avec monture en bronze doré. — Longueur, 20 pouces 9 lignes. Largeur, 13 pouces 3 lig.
45. Prime d'améthyste. — Un guéridon composé de dix morceaux de la plus belle couleur : cette table est supportée par une monture en bronze en partie dorée, imitée d'un trépied antique, trouvé à Herculanum, et qui fait partie du musée Charles X. — Diam. 22 pouces 10 lig.
46. Serpentin vert, oriental. — Deux *Athéniennes*, montées sur pieds de biches, surmontés de sphinx en bronze, en partie dorés, avec tablette inférieure en serpentin, d'un ton plus clair. — Diam. 17 pouces 9 lig.

47. Granit orbiculaire de Corse.—Un dessus de table carrée; ses extrémités sont formées de serpentin vert et brun, et sa bordure est en jaune de Corse aventuriné. Monture en bois *satinet* violet.

48. Albâtre calcaire oriental.—Deux dessus de tables de forme triangulaire : cette belle matière est jaune, flambée de couleur rougeâtre. — Longueur, 31 pouces.

49. Albâtre oriental, d'un blanc jaunâtre, à grandes ondulations. — Un dessus de table de forme rectangulaire.—Longueur 30 pouces. Largeur, 18 pouces. Épaisseur 1 pouce 8 lig.

50. Granit, beau rouge, blanc et noir, du département de Saône-et-Loire. — Une table de forme rectangulaire (1).—Long. 3 pieds 2 pouces. Larg. 20 pouces.

51. Laves et pierres volcaniques du Vésuve.— Un dessus de table rectangulaire.—Long. 25 pouces. Larg. 12 pouces et demi.

52. Brèche violette d'Afrique. — Une table rectangulaire avec monture en acajou. — Long. 60 pouces 8 lig. Larg. 2 pieds.

53. Plusieurs belles tables non montées, en

---

(1) Cette matière est la même qui a été employée au monument du célèbre Dolomieu.

pétro-silex vert, jaspe, granit, brèches d'Afrique, cipolin, vert antique, portor, etc., etc.

54. Serancolin *verrette*.—Une grande console montée en acajou. — Long. 77 pouces. Larg. 2 pieds 2 pouces 9 lig. Epaisseur 2 pouces et demi.

55. Marbre blanc de la Chine. — Un tulipier. 15 pouces.

56 Pierre de lard.—Un autre tulipier de travail chinois. — 10 pouces et demi.

57. Une table ronde, grande mosaïque, en plaques de labrador de la plus belle couleur : les plaques forment une superbe étoile centrale, entourée d'un riche collier faisant bordure : le pourtour de cette table est décoré de bandes et ornements en aventurines et en pierres des Amazones : le tout est incrusté dans une table de marbre blanc, de 35 pouces de diam.
Le pied sur lequel tourne ce beau meuble est en forme d'autel triangulaire, en acajou, avec têtes de beliers, griffes, et autres objets décoratifs en bronze doré.

58. Albâtre oriental, rubanné. — Trois pattes de lions, d'excellent travail, et dont deux sont antiques : cet objet est destiné à supporter une coupe.— H. 9 pouces.

59. Brèche africaine rose, antique. — Deux beaux socles montés en bronze doré. — H. 9 pouces et demi.
60. Brèche antique, rougeâtre. — Deux gros socles montés en bronze doré.
61. Socles en jaune antique, vert antique, porphyre vert, porphyre rouge, basalte vert d'Egypte, porphyre rose et serpentin. (Cet article sera divisé.)
62. Lapis-lazuli. — Plusieurs morceaux de formes et de proportions différentes. (Cet art. sera divisé.)
63. Plusieurs morceaux en malachite et jaspes divers. (Cet article sera divisé.)
64. Blocs de porphyre vert, fleuri. (Cet article sera divisé.)
65. Une quantité considérable de morceaux de rougeant ique : *idem* de jaune antique. (Cet article sera divisé.)
66. Divers morceaux brutes en belles matières, telles que serpentin vert et porphyre rouge lacté.
67. Un grand nombre de socles en matières diverses et de toutes dimensions.
68. Une table d'échantillons de laves et de pierres rejetées par le Vésuve, formant un dessin agréable en losanges encadrés

par des bandes de jaune antique, et autres matières.

———

SCULPTURES.

69. Rouge antique.—Statue en Terme d'un jeune Faune de grandeur plus élevée que la demi-nature, et dont le corps est à demi couvert d'une *nébride* attachée sur l'épaule droite. Cette figure, dont la couleur unit une grande égalité de ton à la nuance la plus recherchée dans ce genre de matière, est également remarquable par le caractère de vie dont ses traits sont animés, la beauté de son style et l'excellence de son travail.

Le petit nombre de statues exécutées avec ce beau marbre, et qui atteignent les proportions de celle que nous décrivons, a toujours placé cet ouvrage au rang des objets les plus dignes d'exciter un très haut intérêt.

—Socle en vert antique brèché. H. de la statue, 4 pieds.

70. Palombino.— Un bas-relief représentant une chèvre, ouvrage de M. Marin : forme ronde. — Diamètre 4 pouces 4 lignes.

LAQUES.

71. Deux formes de *soupières*, en très beau laque, d'une conservation parfaite, et faisant pendant l'une à l'autre.

72. Un cabinet en beau Japon, s'ouvrant à deux battants, et garni intérieurement de dix tiroirs laqués intérieurement en rouge et en noir : toutes les portes extérieures de ce meuble et celles des tiroirs sont décorées de paysages et ornements en couleur d'or; les incrustations des bordures sont en burgau, et les détails de monture, en argent.

73. Une commode à dix tiroirs et dessus en marbre blanc : toutes ses parties extérieures sont couvertes de paysages, oiseaux et fabriques de couleur d'or : monture en cuivre doré.

74. Deux cabinets à sept tiroirs chacun, avec mains et autres détails de monture en cuivre doré.

75. Un cabinet à trois tiroirs, fond aventuriné, avec fleurs et autres ornements : monture orientale en cuivre doré.

76. Une espèce d'écritoire divisée en quatre compartiments, avec oiseaux en or et en bleu : monture orientale, en cuivre.

77. Une espèce de tric-trac chinois : sur le re-

vers sont représentées des figures placées sur le devant d'un édifice.

78. Deux tableaux embordurés et laqués sur cuivre; scènes de bergères, d'après Boucher.

79. Un lot de plaques et de débris en laques divers.

PLAQUES ET TABATIÈRES.

80. Une collection extrêmement précieuse de plaques des plus belles matières et du plus beau choix dans chaque espèce, et donnant ensemble la connaissance des substances et celle de leur perfection : elle est divisée en onze tiroirs, et nous indiquerons ici très sommairement ses variétés principales :

1er *tiroir*. — Agates-calcédoines, incolores - unicolores - chatoyantes - arborisées - figurées - dendritiques - rubannées - onyxées - nuagées; - *idem*, limpides et laiteuses, avec des dendrites vertes, dont une paire pareille à dendrites vertes, uniques par la beauté. — 33 pièces.

2e *tiroir*. — Agate, carniole, cornaline jaune, sardoine jaune-unicolores, diaprées, rubannées, onyxées - nuagées en blanc, noir ou sardoine-feld-spath labrador, châtoyant de diverses couleurs.—34 pièces.

3e *tiroir.*—Agates, cornalines rouges de diverses teintes, unicolores-rubannées-diaprées - flagellées - nuagées - ponctuées, figurées, en jaune et en blanc. Cet ensemble serait peut-être impossible à recomposer. —39 pièces.

4e *tiroir.* — Agates et jaspe-agate, de diverses couleurs en mélange, diaprées - rubannées - œillées - dendritiques - fleuries - mousseuses - ponctuées - nuagées. On y remarque, entre autres, une plaque diaprée en bleu, jaune et rouge; deux d'héliotrope vert, diapré rouge; enfin une autre de jaspe-héliotrope, vert sanguin.— 33 pièces.

5e *tiroir.*—Agates, jaspe-agate; suite des variétés de la substance décrite à l'article précédent : on y voit des variétés d'héliotrope, et la brèche extraordinaire d'agates rubannées, etc. On y distingue quatre paires de plaques très remarquables par leur beauté.—34 pièces.

6e *tiroir.* — Jaspe de toutes couleurs, unicolore ou versicolore-diapré-rubanné-onyxé - œillé-fleuri - ponctué-dendritique-bréché. On y distingue le jaspe blanc, qui est fort rare, le panthère, le *pouilleux* ; une paire de grandes plaques vert sanguin, une autre du même jaspe, rayé en rouge et en blanc, etc. — 34 pièces.

7ᵉ *tiroir*. — Bois agatisés, tels que palmier-bois fougères-vermiculé, et autres, curieux pour la variété de leurs fibres, leurs accidents et leur belle couleur : on y trouve également quatre plaques de la belle roche connue sous le nom de *Verde di Corsica*.—34 pièces.

8ᵉ *tiroir*.—Silex, dans les couleurs jaune, rouge, blanc, brun, etc., soit diapré, arborisé - *paysagé* - onyxé - nuagé - coquillé - madréporisé.

Plaques de lapis offrant les échantillons les plus beaux de cette substance. — Prehnite, vert clair, étonnant dans cette substance pour sa grandeur et sa pureté. 36 pièces.

9ᵉ *tiroir*. — Quartz-aventuriné, aventurine, dont quatre petites : on y trouve la dendritée, celle de Sibérie, etc.

Brèches siliceuses, pouddings les plus variés et les plus remarquables par la finesse de leur pâte et la vivacité des couleurs.

Grès arborisé, offrant un paysage-dendritique-œillé; ce dernier curieux et rare. — 29 pièces.

10ᵉ *tiroir*.—Pétro-silex (feld-spath compacte)-unicolore rubanné-diapré-moucheté, dont une paire unicolore rouge cornaline, une paire en pierre *dite* des Amazones.

Quatre plaques, dont une grande chrysoprase - une saphirine - une belle pierre *d'alliance*, et une lumachelle reflétant les plus vives couleurs.

Diallage vert, translucide, enveloppant des grenats rouges.

Jade, dont un vert, et un blanc uni incrusté d'or, et trois porphyroïdes à base de jade vert, avec cristaux d'amphibole.

Serpentine noble, vert sombre et translucide : substance rare.—28 pièces.

11ᵉ *tiroir*.—Quartz arborisé, améthyste jaspée et accidentée. Variétés les plus curieuses. Succin - albâtre fleuri - étoilé, et brun jaune et blanc - jaspes et agates; suite de variétés de ces matières.

81. Héliotrope. — Une jolie tabatière, montée en or et en filets.

82. Jaspe sanguin. — Une autre tabatière, dont le dessus est orné d'un trophée de l'Amour, exécuté en incrustation de pierres dures : monture en or.

PIERRES PRÉCIEUSES, MONTÉES EN BAGUES.

Collection dans laquelle se trouvent réunies, à-peu-près, toutes les espèces de gemmes taillées; ayant été formée dans le but de faire connaître les variétés principales de chaque espèce, par le choix des pierres pures et éclatantes, et de donner ainsi l'exemple de toutes les perfections qu'elles reçoivent par leur éclat, leur jeu parfait et la meilleure taille. Cette suite, y compris le grand nombre de pierres placés sous le n° 165, présente l'ensemble le plus instructif et le plus beau pour l'amateur qui dirige ses goûts sur ces chefs-d'œuvres de la nature, en même temps qu'il offre un détail de bijoux charmants

83. SAPHIR. Corindon, bleu de Prusse de la plus riche couleur, et velouté : très rare et brillant sur le corps.
84. *Idem.* — Bleu teinté d'indigo, moyenne couleur; parfait.
85. TOPAZE D'ORIENT. Corindon jaune, de la plus riche couleur; plein jeu et parfaite.
86. *Idem.* — Jaune : de la plus agréable couleur; plein jeu.
87. RUBIS D'ORIENT. Corindon rouge giroflé : charmante couleur; plein jeu; parfait; et monté en brillant sur le corps.
88. *Idem.* — Rouge ponceau, *dit sang*, couleur magnifique et rarissime; plein jeu parfait; monté comme le précédent.
89. SAPHIR BLANC. Corindon, limpide et très-rare : jeu parfait.

90. Girasol reflétant un jaune éclatant, bel effet et plein jeu parfait.
91. Astérie presque blanche, chevée : effet parfait en grand.
92. *Idem.* — Verdâtre : cabochon double ; rare dans cette couleur.
93. Corindon brun, opaque et chatoyant en or.
94. Diamant. Diamant vert, couleur intense, aussi belle que rare : plein jeu parfait ; entourage et corps en brillants.
95. *Idem.* — Jaune jonquille ; couleur intense et agréable ; plein jeu parfait. Brillants sur le corps de la bague.
96. Chrysolite. Cimophane, jaune verdâtre : plein jeu parfait : fort rare de cette grandeur et de cette beauté.
97. *Idem.* — Teinte plus verte et d'une très belle couleur : pierre des plus rares ; jeu parfait.
98. *Idem.* — Cabochon plein ; jaune vert opalisant en beau bleu.
99. Rubis spinelle Rouge ponceau : superbe couleur et plein jeu parfait. Brillants sur le corps de la bague.
100. *Idem.* — Teinte plus claire et parfaite : cette couleur se trouve rarement aussi pure.
101. *Idem.* — Teinte plus rose.

102. Saphir blanc. — Rose clair et de couleur très-agréable : plein jeu, mais offrant une glace.
103. *Idem.* — Rose le plus pur; couleur rarissime parmi ces pierres, et qualité parfaite.
104. *Idem.* — Rose, teinte un peu *vinaigre*, mais de belle couleur et de plein jeu parfait.
105. Hyacinthe. Même teinte, mais d'un éclat extraordinaire : plein jeu parfait.
106. *Idem.* — De teinte plus foncée, et de la plus riche couleur : parfaite.
107. Emeraude. De teinte un peu plus claire, et parfaite.
108. *Idem.* De teinte très claire, mais d'un éclat et d'une pureté rare : plein jeu parfait.
109. *Idem.* — Verte, teinte moyenne : chatoyant en blanc.
110. Aigue marine, émeraude, beau bleu foncé; couleur rare : plein jeu et parfait.
111. *Idem.* — D'un bleu plus clair, et de teinte verdâtre : couleur distinguée et parfaite.
112. *Idem.* — D'un vert léger, et de la teinte du Péridot : plein jeu parfait.
113. *Idem.* — De couleur jaune jonquille; teinte agréable et rare : plein jeu parfait.

114. Jargon. Zircon, vert olive : couleur agréable et d'un bel éclat : plein jeu parfait.
115. *Idem.* — Jaune orangé : bel éclat et plein jeu parfait.
116. Péridot. Vert *Péridot* de la plus belle couleur : plein jeu et parfait.
117. *Idem.* — De teinte un peu plus claire : plein jeu. Glace presque imperceptible.
118. Topaze. Topaze, incolore et limpide : plein jeu parfait.
119. *Idem.* — Jaune orangé de très belle couleur : plein jeu parfait.
120. *Idem.* — Jaune clair, se rapprochant de celui du corindon jaune : plein jeu parfait.
121. *Idem.* — Beau bleu foncé d'aigue-marine : pierre très aimable, et d'un plein jeu parfait.
122. *Idem.* — Rose un peu *giroflée* : de couleur très riche et parfaite.
123. *Idem.* — Rose de la plus jolie teinte des topazes brulées : plein jeu parfait.
124. *Idem.* — Rose pur, mais clair et agréable : plein jeu parfait.
125. Tourmaline. Tourmaline d'un vert foncé : offrant rarement une transparence aussi parfaite.
126. *Idem.* — Vert clair, teinte de Péridot ;

pierre d'un effet agréable et d'un bel éclat: jeu parfait.

127. Tourmaline. Bleu teinté de vert; d'un bel effet et d'une transparence rare : parfaite.

128. *Idem* — Hyacinthe sombre; rarissime : cette pierre, aussi transparente que celle qui précède, est parfaite.

129. Grenat. Grenat syrian, violet-pourpre; rare et superbe couleur : plein jeu parfait.

130. *Idem* — Syrian; violet pur, comme celui du plus beau rubis : plein jeu parfait.

131. *Idem*. — De Bohême; pourpre, hyacinthe : belle couleur parfaite.

132. *Idem*. — Ponceau rouge ; superbe couleur, et plein jeu parfait.

133. *Idem*. — Le même ; cabochon plus élevé : plein jeu parfait.

134. *Idem*. — Le même : trois pierres, l'une en cabochon et les autres à facettes : plein jeu parfait.

135. *Idem*. — Le même, sans feuille ; mi-cabochon ; bordure à facettes ; parfait.

136. Opale. Opale blanche, opalisant de grandes flammes de toutes couleurs : superbe et parfaite.

137. *Idem*. — Opalisant des paillettes de toutes couleurs, *arlequines* : superbe et rarissime. Brillants en entourages.

138. Opale. — Transparente ; opalisant à large effet les diverses couleurs : parfaite.

139. *Idem.* — Opalisant de petites flammes rouges, jaunes et autres nuances.

140. *Idem.* — Opalisant de petites paillettes vertes, bleues et rouges.

141. *Idem.* — Trois pierres, l'une noire, opalisant rouge et vert ; effet superbe. Les deux autres, transparentes, variées d'opalisation, et parfaites.

142. Opale de feu. — Jaune éclatant : cabochon bordé de facettes, et parfait.

143. *Idem.* — Même jaune, mais laiteux : effet de girasol, et parfait.

144. Pierre du soleil. — Feld-spath gris et translucide, aventuriné en jaune.

145. *Idem.* — Orangé rouge, translucide, aventuriné et chatoyant en paillettes irrisées : éclatante et parfaite.

146. Pierre de lune. — Feld-spath opalisant une lumière blanche argentée : parfaite.

147. *Idem.* — Transparente ; opalisant une lumière blanche teintée de bleuâtre. Parfaites.

148. Saphir d'eau. Cordiérite, bleu violacé, versicolore en brun en certains sens : parfaite et la plus belle de l'espèce.

149. Diopside. Pyroxène, vert Péridot foncé : pierre nouvellement connue.
150. Turquoise. Calaïte, beau bleu ; superbe couleur : pure et parfaite.
151. Cristal de roche. Améthyste, beau violet velouté, de la plus magnifique couleur : plein jeu parfait.
152. *Idem*. — De teinte plus claire et d'un bel effet : plein jeu, mais présentant une glace.
153. *Idem*. — Dit topaze, beau jaune orangé ; magnifique pierre : plein jeu parfait.
154. *Idem*. — Teinte un peu moins foncée ; émule des plus belles topazes : plein jeu parfait.
155. *Idem*. — Bicolore, présentant une bande incolore entre deux bandes orangéees : cette pierre offre un très bel éclat, quoiqu'elle soit taillée en cabochon.
156. *Idem*. — Hyacinthe foncé ; belle couleur, un peu sombre et très rare : parfaite.
157. *Idem*. — Hyacinthe clair : couleur agréable et parfaite.
158. *Idem*. — Enfumé ; teinte verdâtre ; couleur rare, mais sombre : plein jeu parfait.
156. Chrysophrase, vert de très belle et riche couleur, parfaite et transparente.
160. *Idem*. — Vert un peu plus clair.

161. CHRYSOPHRASE. — Vert encore plus clair que le précédent.
162. SAPHIRINE. Bleu agréable et sombre; de la plus belle couleur; transparente et parfaite.
163. *Idem.* — Teinte un peu plus claire que le précédent : parfait.
164. Un assez grand nombre de pierres, présentant des variétés de celles précédemment décrites, et qui seront vendues sous des numéros particuliers lors de l'exposition.
165. Les objets omis dans ce catalogue, seront appelés et vendus sous ce numéro.

FIN.

www.ingramcontent.com/pod-product-compliance
Lightning Source LLC
Chambersburg PA
CBHW030104230526
45471CB00003B/1244